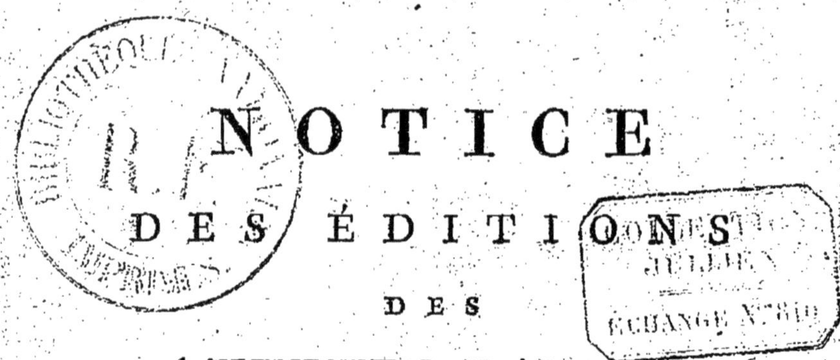

NOTICE

DES ÉDITIONS

DES

AUTEURS LATINS,

POÈTES, HISTORIENS,

ORATEURS, PHILOSOPHES, etc.

QUI COMPOSENT

LA COLLECTION DES BARBOU.

M. DCCCVII.

NOTICE
DES AUTEURS LATINS.

Les éditions des Auteurs Latins imprimées par les *Elzévirs*, si recherchées pour leur élégance, si commodes par leur format, devenoient plus rares de jour en jour, et peu de gens pouvoient parvenir à les compléter. M. *Lenglet Dufresnoy* conçut, en 1743, le dessein de suppléer à la rareté de ces éditions, en faisant réimprimer toute la suite des mêmes Auteurs Latins, en petits *in-12*, et, s'il se pouvoit, aussi proprement que les Elzévirs.

Son projet fut goûté de plusieurs libraires (et entr'autres d'Antoine *Coustelier*, fils d'Urbain, si célèbre dans la typographie françoise), qui publièrent successivement Catulle, Tibulle et Properce réunis dans un seul volume, Lucrèce, Salluste, Virgile, Cornélius Népos, Phèdre, Horace, Velleius Paterculus, Eutrope, Juvénal, une seconde édition de Phèdre, fort supérieure à la première, et Martial. Etienne-André *Philippe* de Prétôt, censeur-royal, présida à plusieurs de ces éditions.

On paroissoit en rester là, quand BARBOU résolut de poursuivre l'entreprise. Il acquit, pour cet effet, le fonds des Auteurs déjà publiés par différents libraires, et ces Auteurs ont été la base de la belle Collection qu'il continue de former. Il a depuis publié lui-même César, Quinte-Curce, Plaute,

Tacite, Ovide, Lucain, Cicéron, Justin, Pline le
Jeune, Tite-Live, etc. ainsi que d'autres livres
modernes qui ne déparent point cette suite. Il a
encore réimprimé la plupart des précédents Auteurs
qui manquoient, et les nouvelles éditions ne le
cèdent aux premières, ni pour la correction, ni
pour l'exécution typographique.

NOTICE des Livres de cette Collection, rangés
par classes, et dans un ordre chronologique, par
rapport aux Auteurs. On observera que, quelques-
uns de ces ouvrages ayant été imprimés plusieurs
fois, on a placé à la fin du titre la date de l'édition
la plus récente, tandis qu'on a renfermé entre deux
crochets celle de toutes les éditions précédentes.

THÉOLOGIE.

*Novum Jesu Christi Testamentum, ad exemplar
Vaticanum accuratè revisum*, 1785, un vol.
[1767.]

CE volume de 572 pages, est orné d'une fort
belle estampe ; elle représente le prophète Isaïe,
qui paroît dicter à S. Jean son sublime exorde. On
y trouve aussi une chronologie du Nouveau Testa-
ment, avec une carte géographique. Pour donner
le texte le plus correct, on l'a conféré avec celui du
Vatican ; deux hommes de lettres, connus par leur
exactitude, ont apporté toute leur attention à la
lecture des épreuves.

De Imitatione Christi libri quatuor, ad germanam lectionem reducti, juxta editionem Rosweidianam, ad fidem autographi anni 1441 recensitam. Edidit Nic. Beauzée, unus ex Academiæ Gallicæ Quadragintaviris, emeritus Scholæ Regio-Militaris professor, etc. 1789, un vol. [1758, 1764, 1773.]

CETTE édition de l'Imitation de Jésus-Christ, est, sans contredit, la meilleure qui soit sortie de nos presses. Revue avec le plus grand soin sur l'édition du P. Rosweide, jésuite, elle offre un texte pur et conforme au célèbre manuscrit original de Thomas-à-Kempis de l'an 1441, conservé à Anvers chez les Bollandistes : avantage infiniment précieux qui ne se trouvoit point dans les trois éditions, prétendues corrigées par M. l'abbé Valart, que nous avons imprimées successivement en 1758, 1764, 1773. La religion et la piété seront donc éternellement reconnoissantes du service que leur a rendu M. Beauzée, un des quarante de l'Académie françoise, professeur émérite de l'Ecole-Royale-Militaire, etc. en faisant imprimer dans sa pureté primitive, dans sa simplicité originale, cet excellent Traité de moral dont le fameux Leibnitz faisoit le plus grand éloge, et qui, au sentiment de Fontenelle, *est le livre le plus beau qui soit parti de la main d'un homme, puisque l'Evangile n'en vient pas.* Cette édition, remarquable par la beauté des caractères et du papier, est exécutée avec toute l'attention qu'exigeoit le mérite du livre. Elle est ornée de cinq belles figures, gravées par de Longueil, sur les desseins de Marillier. M. Beauzée

donna en même temps une nouvelle traduction françoise de l'Imitation, très-estimée, exécutée avec
le plus grand soin par le même imprimeur, et ornée
de belles figures. En voici le titre :

Les quatre Livres de l'Imitation de Jésus-Christ,
traduits par M. Beauzée, de l'Académie fran-
çoise, etc. 1801. [1787.]

Les figures qui sont aussi très-belles, sont différentes de celles qui se trouvent dans l'édition latine.

SCIENCES ET ARTS.

Selecta Senecæ Philosophi Opera, latinè et gallicè,
operâ et studio P. F. X. D. (Petri-Francisci-
Xaverii Denis) 1790 , un vol. [1761.]

Les ouvrages que contient ce volume , sont le
Traité de la brièveté de la vie; celui de la Provi-
dence ; l'Epître LXXXVIII de Sénèque qui roule
sur les sept arts libéraux , et huit Lettres du même
à Lucilius. Ces morceaux sont suivis de la traduction françoise, avec des remarques.

Caii Plinii Secundi Historiæ Naturalis, Libri
XXXVII, quos recensuit et notis illustravit
Gabriel Brotier, 1779 , 6 vol.

M. l'abbé Brotier, connu si avantageusement par
une excellente édition de Tacite, s'est chargé de
celle-ci. Revue sur plusieurs manuscrits, sur la
première édition qui n'avoit pas encore été consul-
tée, et sur quantité de monuments antiques , elle
présente plus de deux mille corrections, qui avoient
échappées aux recherches savantes du Pòre Har-
douin. Le premier et le plus brillant historien de la

nature paroît, non-seulement dans le format le plus commode, mais le lecteur a encore le plaisir de voir continuellement les connoissances anciennes rapprochées de nos connoissances actuelles, et de juger de nos pertes et de nos avantages, tant dans l'histoire naturelle que dans les arts. Une Vie nouvelle de Pline fait connoître son génie et ses travaux. Le frontispice, du dessin de M. Marillier, représenté cet illustre amateur de la nature, mourant au pied du Vésuve.

BELLES-LETTRES.

M. Tullii Ciceronis Opera omnia, recensuit Lallemand, 1768, 14 vol.

M. Lallemand, ancien professeur de l'université de Paris, qui a enrichi notre Collection du Tacite en trois volumes, est l'éditeur de cette nouvelle édition de l'orateur romain. Ce savant, pour donner le texte le plus correct, après avoir consulté les meilleures éditions, a conféré sur Cicéron quinze manuscrits de la bibliothèque du roi ; les notes qu'il a placées à la fin de chaque volume, font voir les secours qu'il en a tirés. On trouve aussi dans ces notes l'explication des passages et des mots grecs, employés par Cicéron.

Chaque ouvrage, et même chaque lettre, a son sommaire, qui en indique le sujet et la matière. Pour la commodité des savants, à la division de Gruter, on a eu soin d'ajouter celle de Nizolius. La première est marquée par des chiffres romains, la seconde par des chiffres arabes. A la fin du dernier volume est un petit Dictionnaire, qui renferme l'explication des expressions rares ou des termes qui ont différents sens, suivant leur différente construction. Enfin, le savant éditeur, pour rendre son travail le plus exact qu'il étoit possible, s'est fait aider pour la lecture des épreuves, par un homme de lettres. Par ce moyen, chaque épreuve a été lue au moins quatre fois.

L'abbé d'Olivet donna les plus grands éloges à cette édition, et il s'empressa de faire connoissance avec l'Auteur, dont il admira également la science et la modestie.

Marci Accii Plauti Comœdiæ quæ supersunt, 1759, 3 vol.

Feu M. *Capperonnier* (*Jean*, neveu de *Claude*, et oncle de *Jean-Augustin*, aujourd'hui conservateur de la bibliothèque impériale), garde de la bibliothèque du roi, professeur royal, etc. est l'auteur de cette édition. M. l'abbé *Valart* y a eu aussi quelque part. Ce livre est, sans contredit, un des plus parfaits de la Collection pour l'élégance du caractère, la correction, la propreté, le grand net, et la beauté des ornements. Le texte est d'une pureté singulière; les noms des interlocuteurs, dans chaque pièce, sont hors ligne et distingués, comme dans nos dramatiques françois. Chaque volume est décoré d'un frontispice et d'une vignette, gravés d'après les dessins de M. *Eisen*. A la fin du troisième tome est une table alphabétique, où sont expliqués les mots et les tours particuliers à Plaute; cette table facilite beaucoup l'intelligence de ce comique, et peut tenir lieu de notes. On y a joint un catalogue des principales éditions de Plaute.

Titi Lucretii Cari de Rerum Natura libri sex,
1754, un vol. [1744.]

On trouve à la tête du livre la Dissertation de
Lambin sur la patrie, la naissance, le génie, la vie,
la mort et les écrits de Lucrèce. Chaque livre du
poëme est précédé d'un argument analytique, qui
en met sous les yeux toute la substance. Le volume
est terminé par de bonnes variantes. Cette édition,
bien exécutée, quant à la partie typographique, est
encore ornée de belles estampes, qui représentent
les sujets les plus pittoresques de chaque livre.

Catullus, Tibullus et Propertius pristino nitori
restituti, et ad optima exemplaria emendati. Ac-
cedunt fragmenta Cornelio Gallo inscripta. Editio
nova correctior, 1792, un vol. [1743, 1754.]

Nous avons apporté tous nos soins pour que cette
nouvelle édition ne le cédât aux deux premières
données par feu l'abbé Lenglet Dufresnoy, ni pour
la correction, ni pour l'exécution typographique. Le
texte de Catulle est formé sur l'édition de Venise,
donnée par *Corradini* en 1738. Comme ce poëte est
rempli d'expressions singulières, ou d'un usage assez
rare, on les a expliquées dans une table alphabétique. On s'est servi, pour épurer les textes de
Tibulle et de Properce, des corrections des meilleurs critiques, et sur-tout des leçons de *Joseph*
Scaliger. Les véritables poésies de Gallus sont à la
suite de Properce, avec les six Elégies du faux
Maximien. Les trois premiers poëtes sont décorés
chacun d'un joli frontispice, et de quelques autres
ornements. *Corradini* ayant avoué depuis que le

manuscrit romain, qu'il citoit à l'appui de ses corrections, n'a jamais existé, nous rétablirons dans la
première édition, le texte, conformément aux leçons
qui sont le plus généralement reçues.

*Publii Virgilii Maronis Opera, pristino nitori restitura; cum notis et variis Lectionibus ex Codicibus et optimis exemplaribus : (accedit Indiculus
editionum Virgilii,)* 1790, 2 vol. [1745, 3 vol.
1767, 2 vol.]

L'excellente édition de Virgile que M. Heyne,
de l'Académie de Gœttingue, a publiée pour la
seconde fois à Leipsic, en 1788 et 1789, a servi de
modèle à celle qu'on offre aujourd'hui au public.
Si l'on s'est quelquefois permis d'abandonner ce
savant guide (un peu trop hardi peut-être dans les
changements qu'il fait au texte), on ne l'a fait que
d'après des autorités respectables qu'on a toujours
eu l'attention de citer dans les notes placées à la fin
de chaque volume, et dont les principales sont
mentionnées dans la préface. On n'entrera pas ici
dans le détail de tous les secours qu'on a invoqués;
mais on se bornera à dire que deux précieuses éditions de Virgile, les plus anciennes et les plus
excessivement rares, qui sont dans la bibliothèque
du roi depuis peu d'années, et qui n'avoient pas été
consultées par M. Heyne, ni peut-être par ses prédécesseurs, ont été collationnées avec une attention toute particulière. Cette collation, longue et
pénible, n'a pas été infructueuse. Les diverses leçons
intéressantes qu'elle a produites, sont rapportées
dans les notes et y sont appréciées. Les amateurs et
les bibliographes liront peut-être avec quelque intérêt la notice, assez ample, des éditions du prince

des poètes latins, données depuis le quinzième siècle jusqu'en 1790, et les jugements des savants qui l'accompagnent. Cette nouvelle édition de Virgile, exécutée avec le plus grand soin, doit, sans contredit, mériter la préférence sur celles de 1745 et 1767.

Q. Horatii Flacci Carmina, detersis recentibus plerumque maculis, nitori suo restituta, 1775, un vol. [1746-1763.]

Cette édition a été donnée par M. Lallemand, qui a supprimé, avec raison, toutes les leçons que M. Valart avoit insérées dans l'édition de 1763, qu'il prétendoit avoir revisée sur plusieurs manuscrits de Sorbonne et de la bibliothèque du roi. On a apporté toute l'attention possible pour la correction et pour l'exécution typographique.

Publii Ovidii Nasonis Opera quæ supersunt, 1793, 3 vol. [1762.]

On a profité pour cette édition, dont la base est celle d'Heinsius, revue par Burman, des excellentes corrections que Politien a faites sur son exemplaire d'Ovide; exemplaire que l'on conserve à Florence dans la bibliothèque Laurentine. On les doit à M. *Heerkens,* savant de Groningue. Chaque volume de notre édition est orné d'une estampe et d'une vignette gravées sur les dessins de M. *Eisen.* On en trouve l'explication à la fin du second volume.

Phœdri, Augusti liberti, Fabularum libri quinque, cum notis et supplementis Gabrielis Brotier. Accesserunt parallelæ Joannis de la Fontaine Fabulæ, 1783, un vol. [1742 - 1747 , et avec un nouveau frontispice, 1754.]

Cette nouvelle édition de Phèdre est, sans contredit, la meilleure de toutes. M. l'abbé Brotier, connu si avantageusement dans la république des lettres, n'a rien négligé pour la rendre de la plus grande correction. Le texte du fabuliste, corrompu dans plusieurs endroits, a été restitué dans toute sa pureté; l'ordre naturel de beaucoup de fables, interverti, a été rétabli; deux fables dont il ne restoit que des fragments, ont été habilement suppléées. Des notes courtes, mais remplies de goût, d'érudition et de critique, suivent le texte. Un manuscrit très-précieux par sa haute antiquité, sur lequel Pierre Pithou publia en 1596 la première édition de Phèdre, communiqué avec plaisir par M. le Peletier de Rosambo, président au parlement de Paris, et un exemplaire imprimé, enrichi des variantes que Dom Vincent a recueillies du célèbre manuscrit de Rheims, qui malheureusement périt en 1774, dans l'incendie de la bibliothèque des Bénédictins de cette ville, ont particulièrement servi de base au travail de M. l'abbé Brotier. Il a placé à la fin du volume les Fables choisies, tirées ou imitées de Phèdre par la Fontaine. En rapprochant ces deux écrivains admirables, son intention a été de présenter la plus belle des poétiques, celle de l'exemple. Ils ont été l'un et l'autre la gloire de leur siècle : chacun a son caractère original de perfection. On voit dans l'un le goût sévère de l'élégance romaine ; et dans l'autre , l'enjouement naturel de la gaieté françoise. Il n'y a rien qu'on puisse ajouter à Phèdre : il n'y a rien qu'on veuille retrancher dans la Fontaine. Voilà les deux règles du beau les plus vraies et les plus infaillibles. Cette nouvelle édition est de plus ornée d'un frontispice et de plusieurs vignettes, dont les sujets sont tous relatifs aux fables de Phèdre. Le volume est terminé par trois tables, et par un catalogue des principales éditions de Phèdre.

M. Annœi Lucani Pharsalia, cum Supplemento *Thomœ Maii*, 1767, un vol. [1745, et avec un nouveau frontispice, 1754.]

Cette édition, imprimée avec le même soin et la même élégance que le Virgile, est décorée d'une estampe agréable, qui représente le passage du Rubicon par César. Un sommaire, placé à chaque livre du poëme, en indique les principaux détails. A la suite du poëme est l'Essai poétique de Pétrone sur la guerre civile, et le Supplément de Thomas May, poëte anglois du dix-septième siècle. Ce Supplément contient toute la suite de la guerre civile jusqu'à l'assassinat de Jules-César.

M. Valerii Martialis Epigrammatum Libri, ad *optimos codices recensiti et castigati*, 1754, 2 vol.

On trouve ici jusqu'aux épigrammes attribuées à Martial dans quelques manuscrits, mais séparément et à la fin du second tome, avec de nombreuses variantes. Cette édition est ornée d'un frontispice et de deux vignettes qui caractérisent l'auteur.

Auli Flacci Persii , D. Juvenalis et Sulpiciæ Satyrarum , nova editio diligenter recognita , 1801 , un vol. [1746 , et avec un nouveau frontispice, 1754.]

Au commencement du volume est la savante Dissertation de *Nicolas Rigault,* sur la Satire de Juvénal, adressée à Jacques-Auguste de Thou. On a joint à ces deux poètes la Satire de *Sulpicie.* Les gravures consistent en deux frontispices, et en plusieurs vignettes.

Amœnitates poëticæ , sive Theodori Bezæ , Marci Antonii Mureti et Joannis Secundi Juvenilia : tum Joannis Bonefonii Pancharis : Joachimi Bellaii amores, etc. 1779 , un vol. [1757]

Au commencement de cette nouvelle édition, est une notice très-bien faite des cinq Auteurs dont on trouve ici les meilleures pièces. Le goût et l'amour des lettres ont présidé au choix de ces poésies pleines d'agréments. Aux pièces des quatre premiers auteurs , on a joint, dans cette nouvelle édition, les poésies les plus intéressantes de du Bellai , trois nouvelles pièces de Muret, une quatrième de Lotichius, poète allemand , et une cinquième de Famien Strada , poète romain.

Matthiæ Casimiri Sarbievii Carmina. Nova editio prioribus longè auctior et emendatior, 1759 , un vol.

Cet excellent poète lyrique , que Grotius mettoit à côté d'Horace, et qui a été réimprimé tant de fois, n'a jamais été si complet ni si soigné que dans cette édition. Les épodes sont augmentées ici de près de moitié ; les VIe. et VIIe. livres paroissent pour la première fois. Ces augmentations sont le fruit des recherches faites en Pologne et en Lithuanie par M. *Vander-Ketten*, chanoine régulier de l'ordre de Saint-Sauveur. Ce volume est enrichi d'une table historique et géographique, qui répand bien du jour sur ces poésies.

Sarcotis, et Caroli V. Imp. Panegyris, Carmina ; tum de Heroica Poësi Tractatus : auctore Masenio. Adjecta est Lamentationum Jeremiæ Paraphrasis, auctore D. Grenan, editio altera, 1771, un vol. [1757.]

Comme on a prétendu que Milton avoit pris le fond de son *Paradis perdu* dans la *Sarcothée* de Masénius, on retrouve ici les pièces insérées à ce sujet dans le Journal étranger et dans les Mémoires de Trévoux. Après ces pièces viennent un Traité de la poésie héroïque, la Sarcothée et le Panégyrique de Charles-Quint par Masénius. Le Traité de de la poésie est puisé dans les meilleures sources (on voit que Masénius connoissoit parfaitement les anciens, puisqu'il discute avec un goût exquis leurs beautés et leurs défauts). Le Panégyrique de Charles-Quint ne le cède pas à la Sarcothée. Ces deux poëmes sont des exemples des règles que l'auteur a posées dans son Traité de la poésie. Ce volume est terminé par l'excellente paraphrase en vers des Lamentations de Jérémie, composée par M. Grenan, célèbre professeur dans l'université de Paris.

*Renati Rapini Hortorum Libri IV, et cultura
hortensis. Hortorum historiam addidit G. Brotier,* 1780, un vol.

C'est aux soins de M. l'abbé Brotier que l'on doit
cette nouvelle édition du charmant poëme *des Jardins.* Le savant éditeur n'a rien négligé pour qu'elle
surpassât toutes les autres. On y trouve un très-bon
abrégé de la vie du Père Rapin, les passages grecs
et latins d'où l'auteur a tiré ses préceptes, les changements, les additions, les retranchements qu'il a
faits à son poëme. A la Dissertation du Père Rapin
sur tout ce qui regarde la culture des jardins, le
savant éditeur en a joint une autre de sa façon, qui
en renferme l'histoire depuis la création jusqu'à nos
jours. Enfin, il a terminé son édition par un index
alphabétique fort ample, dans lequel il explique les
termes les plus difficiles du poëme.

*Jacobi Vanierii Prædium rusticum ; nova editio
cæteris emendatior, cum indice locupletiori.
Accedit vita Autoris nunc primum in lucem
edita,* 1786, un vol. [1774.]

Cet excellent poëme, qui comprend tout ce qui
a rapport aux travaux et à la vie de la campagne,
et qui est généralement estimé pour la pureté du
latin, pour la douceur et l'harmonie de la versifi-
cation, est imprimé avec le soin et avec l'élégance
qu'il mérite. Un des deux hommes de lettres qui
avoient présidé à l'édition de 1774, entièrement
épuisée, M. l'abbé Capperonnier, de la bibliothèque
du roi, c'est chargé de revoir celle-ci avec une nouvelle attention, et n'a rien négligé pour la rendre
de la plus grande correction. On espère qu'elle ob-

tiendra du public un accueil favorable, et même la préférence sur l'édition de 1774, à cause de la vie du Père Vanière, dont l'éditeur l'a enrichie, et des additions assez considérables qu'il a placées dans l'*index*. Le sujet allégorique du frontispice a été exécuté par deux de nos meilleurs artistes, MM. Gravelot et de Longueil.

Francisci-Josephi Desbillons Fabulæ Æsopiæ, curis posterioribus, omnes ferè emendatæ ; quibus accesserunt plus quam CLXX novæ : quinta editio, un vol. 1778. [1759, 1769.]

Cette édition est très-bien exécutée. Un mérite qu'elle a au-dessus de la quatrième publiée à Manheim, c'est que l'auteur a envoyé un exemplaire, corrigé de sa main, en beaucoup d'endroits. Les épreuves ont été relues avec soin par plusieurs gens de lettres. Ce volume contient : 1°. une belle préface dans laquelle sont appréciés les ouvrages des différents fabulistes ; 2°. plus de cinq cents fables en quinze livres ; 3°. les sentences répandues dans ces fables ; 4°. les notes sur chaque livre ; 5°. une table alphabétique des fables ; 6°. l'explication des mots les plus difficiles de l'ouvrage.

Desiderii Erasmi Encomium Moriæ, seu Stultitiæ laudatio : editio castigatissima. . . . . De optimo Reipublicæ statu, deque novâ insulâ Utopiâ, libri duo : auctore Thoma Moro, Angliæ Cancellario, 1777, un vol.

On ne pouvoit réunir ensemble deux ouvrages contemporains mieux assortis, tant par cet endroit que par l'étroite liaison qu'il y eut entre les deux auteurs. La nouvelle édition du premier (*l'Eloge de*

la Folie) est entièrement conforme à celle de 1765.
Quant au texte de l'Utopie de Th. Morus, il a pour
base celui de l'édition la plus récente dont nous
ayons connoissance, celle des frères *Foulis* (Glas-
gow, 1751), qui même n'est plus fort commune ici.
L'éditeur de ces deux ouvrages, M. de Querlon, par
les notes qu'il y a semées, quoiqu'avec son écono-
mie ordinaire, et par la seule correction qui répand
tant de jour dans les anciens écrits, les a mis à la
portée de tout le monde. Le premier est trop connu
pour en rien dire; le second gagnera sûrement à
l'être mieux, et c'est dans le texte original qu'il
faut le lire pour le connoître.

*C. Plinii Cæcilii Secundi Epistolæ et Panegyricus
Trajano dictus : recensuit Lallemand,* 1769, 1 vol.

C'est encore aux veilles de M. Lallemand que
l'on doit cet ouvrage. Il en avoit déjà donné une
édition; mais celle-ci est de beaucoup supérieure à
la première; puisqu'il l'a revue sur six manuscrits
de la bibliothèque du roi, et sur les meilleures éditions. On a apporté à la lecture des épreuves le
même soin que pour le Cicéron, et cette édition est
aussi correcte qu'élégante. Après les Lettres et le
Panégyrique, on trouve l'explication des mots grecs;
il y a ensuite des notes dans lesquelles le savant éditeur rend compte de son travail, et explique les endroits difficiles.

H I S T O I R E.

*Justini Historiarum ex Trogo Pompeio Libri
XLIV,* 1770.

M. l'abbé Capperonnier, de la bibliothèque du
roi, s'est chargé de revoir cette édition. Il a pris

pour base la meilleure, celle que *Fischerus* donna
en 1737, à Leipsic. Après avoir corrigé quelques
fautes échappées au savant Allemand, il a fait passer
dans le texte plusieurs leçons excellentes, puisées
et dans les manuscrits de la bibliothèque du roi et
dans la plus ancienne édition de Justin. Il a rectifié
avec beaucoup de soin la ponctuation qui étoit dé-
fectueuse en bien des endroits. Ces corrections font
disparoître presque toutes les difficultés qui embar-
rassoient le texte de Justin. On trouve après l'avis
au lecteur, l'explication de la belle estampe qui
accompagne cette édition.

*Quinti Curtii Rufi de Rebus gestis Alexandri
Magni Libri decem*, 1757, un vol.

Le texte de Quinte - Curce est ici le même que
celui de *Henri Snakenburg*, le plus exact de tous ;
mais l'éditeur l'a conféré avec les manuscrits du roi.
L'impression en est très-soignée. Les ornements de
la gravure consistent en un frontispice, un cul - de-
lampe et une vignette, tous sujets relatifs à l'histoire
d'Alexandre', et gravés sur les dessins de M. *Eisen*,
On trouve à la fin du volume le catalogue des principales éditions de Quinte - Curce.

*Titi Livii Patavini Historiarum ab Urbe conditâ
Libri qui supersunt*, 1775, 7 vol.

M. l'abbé Lallemand en est l'éditeur. L'accueil
favorable que le public a fait au Tacite, au Cicéron,
et au Pline le Jeune, donnés par ce savant, étoit un
bon garant du succès de son travail sur Tite-Live. Il
a pris pour base de son édition celles de MM. Crevier
et Drakemborch. On sait que ces deux savants
avoient lu et discuté, avec le plus grand soin, les

manuscrits et les meilleures éditions de leur auteur.
Le premier volume, orné d'un très-beau portrait
de Tite-Live, contient encore un avertissement
curieux, dans lequel M. Lallemand apprécie, sans
partialité, le travail de ceux qui ont donné des éditions de ce prince des historiens. Cet avertissement
est suivi de l'excellente préface de M. Crevier. Aux
trois fragments de Tite-Live déjà connus, on a
ajouté celui qui fut découvert à Rome en 1772.
M. Lallemand rend compte en peu de mots de ses
changements et de ses corrections à la fin de chaque
volume, qui est terminé par une bonne table alphabétique des matières. On trouvera dans le dernier
volume les sommaires des livres perdus, et un
ample *index* des sentences contenues dans tout
l'ouvrage. L'éditeur, aussi modeste que savant,
s'est associé pour la lecture des épreuves, une per-
sonne connue par son exactitude ; ensorte que l'on
peut assurer que les gens de lettres trouveront dans
cet ouvrage la même correction que dans les autres
donnés par M. Lallemand.

Caii Velleii Paterculi Historiæ Romanæ Libri
　　duo. Nova editio ex collatione veterum edito-
　　rum emendata. . . . . . L. Annæi Flori epitome
　　rerum Romanarum libri quatuor, 1777, un vol.

Nous sommes redevables de cette nouvelle édition aux soins du savant M. Lallemand, qui nous a
déjà procuré celles de Tacite, de Pline le Jeune,
de Cicéron et de Tite-Live. Le texte est précédé
de la notice de Vossius sur la vie et les écrits de
Paterculus, et d'un extrait des annales de cet historien, dressées par Dodwel. Comme ce qui nous
reste de Velleius ne fournit pas deux cents pages,

le savant éditeur a cru devoir y joindre *Florus*, avant le texte duquel il a aussi placé ce que Vossius a dit de Florus. Cet abrégé intéressant de l'histoire romaine méritoit d'entrer dans la Collection des Auteurs Latins ; et les gens de lettres sauront bon gré à M. Lallemand d'en avoir donné une édition très-correcte. Velleius Paterculus avoit été publié seul en 1746, et avec un nouveau frontispice, en 1754.

Eutropii, Sext. Aurel. Victoris nec non Sexti Rufi Historiæ Romanæ Breviarium, ad codices manuscriptos, et optimas editiones recognitum et correctum. Eutropii fragmenta ad calcem, 1793, un vol.

Le public ayant favorablement accueilli les trois abréviateurs les plus célèbres et les plus estimés de l'antiquité latine, *Justin*, *Velleius Paterculus* et *Florus*, que nous avons imprimés, il y a déjà quelques années, nous espérons qu'il nous saura encore quelque gré de lui en offrir aujourd'hui trois autres, réunis en un seul volume. A la vérité, ils ne jouissent, ni de la même célébrité, ni de la même estime, cependant ils ont leur mérite reconnu depuis long-temps par les savants. Les textes ont été revus et corrigés par l'éditeur du Père *Vanière*, de *Justin*, de *Virgile*, etc. sur les meilleures éditions qui aient été données jusqu'ici. Les manuscrits qu'il a été à portée de consulter, ont donné de nouvelles leçons importantes dont il a fait usage. La notice d'un manuscrit du douzième ou du milieu du treizième siècle, qui se trouve dans la bibliothèque de l'Académie de Rostock, publiée à Leipsic en 1791, *in-8°*, par les soins de MM. Dahl et Zaepeliehn, ayant présenté quelques fragments attribués à *Eutrope*, l'éditeur a cru ne devoir pas les négliger. On les trouve à la fin du volume. La gravure du frontispice est d'après un dessin d'*Eisen*. Eutrope avoit déjà paru seul en 1746, et avec un nouveau frontispice, en 1754.

Caii Sallustii Crispi quæ exstant Opera, 1801. [1744, 1761.]

Ce volume, dont le texte vient d'être revu et corrigé par M. Beauzée, de l'Académie françoise, contient la Vie de l'historien; les Guerres de Catilina et de Jugurtha; deux Lettres attribuées à Salluste, et adressées à César sur le gouvernement de la république; les Fragments des histoires et de quelques autres écrits de Salluste; la prétendue Déclamation de Cicéron contre cet historien; deux tables, l'une des choses, et l'autre des mots, et le catalogue des éditions de l'auteur. Celle-ci, très-élégamment imprimée, est décorée de belles estampes gravées d'après M. *Cochin*.

C. Julii Cæsaris quæ exstant Opera, cum Hirtii sive Oppii Commentariis de Bellis Gallico, Civili, Alexandrino, Africano et Hispanico, 1755, 2 vol.

Le premier volume contient un morceau de *Vossius* le père, sur la Vie et les Ecrits de César; la Guerre des Gaules; la Dissertation de *Dodwel* sur l'auteur du huitième livre de cette guerre et de celles d'Alexandrie, d'Afrique et d'Espagne, avec une nomenclature géographique des peuples, villes, rivières, etc. dont les noms se trouvent dans César. Le second tome est composé des trois livres de la guerre civile par César, et des trois livres d'Hirtius des guerres d'Alexandrie, d'Afrique et d'Espagne, auxquels on a joint le catalogue des éditions différentes de César. Celle-ci est ornée de quatre cartes géographiques, d'un frontispice où est le médaillon de César, et de quelques vignettes.

C. Cornelii Taciti quæ exstant Opera, recensuit J. N. Lallemand, 1793, 3 vol. [1760.]

Cette édition ne le cède point à celle de Plaute. Le texte en est très-correct, et formé principalement sur la bonne édition d'*Ernest*. A la tête du premier volume, est le tableau généalogique de la famille d'Auguste, par *Juste-Lipse*. Cette édition est enrichie de notes sommaires sur tous les livres de Tacite; on les trouve à la fin de chaque tome. Il y a aussi une table des noms propres des lieux et des personnes. Chaque volume est orné d'un frontispice et d'une vignette gravés d'après les dessins de M. *Eisen*.

Cornelius Nepos de Vitâ excellentium Imperatorum, 1767, un vol. [1745.]

La belle Epître dédicatoire de *Lambin*, professeur-royal de la langue grecque, à Henri III, sert d'introduction à ce livre. Aux vingt-trois Vies des hommes illustres, et à celles de Caton le Censeur et de Pomponius Atticus, on a joint les Fragments des chroniques et des autres écrits de Népos; la chronologie des capitaines grecs, par *André Schott*, mais corrigée et augmentée; celle des années de Caton, par le même; celle de Pomponius Atticus, par *Ernest*, et un catalogue des principales éditions de l'auteur. Le frontispice du livre est orné d'une jolie estampe de M. *Cochin*.

On peut ajouter à cette Collection :

1°. *Publii Terentii Afri comœdiæ sex*, etc. Paris, Simon, 1753, 2 vol. *in-12.* avec un très-grand nombre de vignettes et de cul-de-lampes. Cette édition fut donnée par M. *Philippe.*

2°. *Quinti Horatii Flacci poemata scholiis*, etc. *illustrata à Joanne Bond*, Aurelianis, Couret de Villeneuve, 1767, vol. *in-12.* Edition recommandable par le mérite de l'éditeur, et par la petitesse des caractères.

3°. *M. Tullii Ciceronis de Amicitiâ*. Barbou, 1771. *in-32.*

4°. *Ejusdem Cato major*. Barbou, 1758, *in-32.*

5°. *Ejusdem de Officiis*. Barbou, 1773, *in-32.*

Ces trois derniers ouvrages se vendent reliés en maroquin rouge. Le second sur-tout peut être regardé comme une mignature, et l'emporte sur les célèbres éditions de *Jannon.*

Cette Collection forme aujourd'hui soixante-cinq volumes reliés en veau, dorés sur tranche avec filets d'or.

Il y a des exemplaires en papier de Hollande.

www.ingramcontent.com/pod-product-compliance
Ingram Content Group UK Ltd.
Pitfield, Milton Keynes, MK11 3LW, UK
UKHW021641130726
13696UKWH00005B/2336